La fille aux 200 doudous

Du même auteur*

Certaines œuvres sont connues sous différents titres.

Romans

La Faute à Souchon : (Le roman du show-biz et de la sagesse)
Quand les familles sans toit sont entrées dans les maisons fermées
Liberté j'ignorais tant de Toi (Libertés d'avant l'an 2000)
Viré, viré, viré, même viré du Rmi !
Ils ne sont pas intervenus (Peut-être un roman autobiographique)

Théâtre

Neuf femmes et la star
Les secrets de maître Pierre, notaire de campagne
Ça magouille aux assurances
Chanteur, écrivain : même cirque
Deux sœurs et un contrôle fiscal
Amour, sud et chansons
Pourquoi est-il venu :
Aventures d'écrivains régionaux
Avant les élections présidentielles
Scènes de campagne, scènes du Quercy
Blaise Pascal serait webmaster
Trois femmes et un Amour
J'avais 25 ans
« Révélations » sur « les apparitions d'Astaffort » Jacques Brel Francis Cabrel

Théâtre pour troupes d'enfants

La fille aux 200 doudous
Les filles en profitent
Révélations sur la disparition du père Noël
Le lion l'autruche et le renard,
Mertilou prépare l'été
Nous n'irons plus au restaurant

* extrait du catalogue, voir www.ternoise.net

Stéphane Ternoise

La fille aux 200 doudous

Sortie numérique : 8 octobre 2011.

Jean-Luc PETIT Editeur / livrepapier.com

Stéphane Ternoise
versant
dramaturge :

http://www.dramaturge.fr

Tout simplement et logiquement !

Stéphane Ternoise

La fille aux 200 doudous

Jouer une pièce de théâtre, même pour un public restreint, même lors d'un spectacle gratuit, même avec uniquement des enfants sur scène, nécessite l'autorisation de son auteur (ou son représentant).

La fille aux 200 doudous est une pièce de théâtre jouée par de nombreux enfants...

Précisions :

C'est peut-être mon côté voltairien ! Non, je ne prétends pas marquer le XXIe siècle comme Voltaire le XVIIIe.
Quoique, ma conceptualisation du rôle de l'ebook pourrait bousculer les esprits et révolutionner la société française !...
À lui la liberté de penser, au modeste Ternoise la liberté de publier !

Il eut 83 ans pour s'exprimer et à mon âge possédait déjà une notoriété que même nos stars du petit écran pourraient lui envier. Mais stop, ce n'est pas dans cette direction que se situe mon quelque chose de Voltaire.

Voltaire souhaitait passer à la postérité par son œuvre théâtrale, sa soixantaine de pièces.
Il était considéré (se considérait) comme le digne successeur des plus grands, Corneille et Racine.
Son théâtre n'a pas résisté au temps.
Ses lettres philosophiques, ses essais, sa poésie... et ce sont deux petits contes, *Candide* et *Zadig*, que nous lisons le plus.

J'ai écrit six romans, de nombreux essais, cinq cents textes pour la chanson, des sketchs, quinze pièces de théâtre pour les troupes d'adultes, et c'est cette petite pièce "*la fille aux 200 doudous*" qui me vaut de nombreuses représentations, des troupes d'enfants aux spectacles scolaires, même en Biélorussie et à Madagascar ! C'est parfois bizarre la vie, littéraire aussi !

Cette pièce est désormais traduite en espagnol par María del Carmen Pulido Cortijo, italien par Martina Caputo, anglais par Kate-Marie Glover et allemand par Jeanne Meurtin. Elle figure dans le recueil « *La fille aux 200 doudous et autres pièces de théâtre pour enfants* » mais sa publication dans un "petit livre" à prix symbolique m'a semblé pouvoir intéresser... Lui apporter un nouveau public...

La fille aux 200 doudous

Pièce pour enfants en un acte

Distribution :

Six à une vingtaine d'enfants.

Scène : dans son lit, une fillette, 6-7 ans, à peine visible. Trop de doudous ! Des doudous aussi dans toute la chambre.

Entrent des enfants (minimum cinq, même âge), sur la pointe des pieds. Ils observent, admirent, se sourient, s'extasient, se montrent des doudous.

Trois visages...

La fille aux 200 doudous

Acte 1

1er enfant : - Dans sa chambre, on avance au p'tit bonheur la chance.

2eme enfant : - Même son oreiller est envahi.

3eme enfant : - Ses étagères, c'est pire que ma grand-mère avec ses pots de confiture.

4eme enfant : - C'est pire que mon grand-père avec ses boîtes à outils.

Autre enfant : - Pire que la garde-robe de maman

La fillette du lit sourit, comme si elle s'apercevait seulement à l'instant de leur présence.

3eme enfant : - C'est la fille aux 200 doudous, y'en a partout, y'en a partout.

Autre enfant reprend en murmurant : - C'est la fille aux 200 doudous, y'en a partout, y'en a partout.

4eme enfant : - C'est la fille aux 200 doudous, tous les p'tits loups en sont jaloux.

La fillette du lit : - Ne soyez pas jaloux, mes amis. Vous croyez peut-être qu'on n'a pas ses petits soucis, quand on doit surveiller du matin au soir 200 doudous ? Et même du soir au matin.

4eme enfant : - Des soucis comme ça, j'aimerais bien en avoir.

La fillette du lit : - Pourtant, ce n'est pas spécialement drôle, quand souriceau se cache derrière papa éléphant alors qu'il devrait dormir près de sa tendre maman. Et la nuit, vous croyez peut-être que tous ont sommeil en même temps ? C'est pire qu'un dortoir d'écolières.

4eme enfant : - Un dortoir d'écolières, ça n'existe pas !

2eme enfant : - Mamie m'a raconté : il y a très très longtemps, c'était bien avant l'an 2000, les enfants ne rentraient pas chez eux le soir mais restaient dormir à l'école, dans un dortoir.

4eme enfant : - Un dortoir ! Comme leurs parents étaient méchants !

2eme enfant : - Mais non grand bêta, ce n'était pas possible autrement, il n'y avait pas de bus.

4eme enfant : - Arrête de raconter des blagues.

La fillette du lit : - C'est peut-être surprenant mais c'est pourtant vrai. Et les enfants n'ont pas toujours eu des doudous comme nous, beaucoup se contentaient d'un simple chiffon.

4eme enfant : - J'aurais refusé de dormir ! J'aurais manifesté ! J'aurais crié !

Autre enfant : - J'aurais pincé !

4eme enfant : - J'aurais déménagé chez grand-mère !

1er enfant, *va vers une étagère et prend un chien en peluche* : - Il s'appelle comment ?

La fillette du lit : - Chacun a son surnom, d'abat-jour à zombou. Quant à lui, c'est Scott-Key.
1er enfant : - Scott-Key ?

La fillette du lit : - Je suppose que tu n'as pas choisi ton nom, pas même ton prénom ni ton surnom. Hé bien lui, c'était un chien abandonné. (*rêveuse, doucement :*) J'avais quatre ans : il pleuvait, et lui pleurait à la vitrine d'un magasin,
4eme enfant (*à son voisin*) : - Ça ne pleure pas un doudou !

La fillette du lit, *qui a entendu, se tourne vers lui :* - Tu as déjà oublié qu'un doudou, parfois, ça pleure ! (*reprenant l'histoire*) il pleurait à la vitrine d'un magasin, avec une étiquette à l'oreille droite, une vilaine étiquette jaune avec 5 lettres majuscules noires : s-o-l-d-e.
1er enfant : - Et toi, tu ne savais pas que ça voulait dire SOLDE !

La fillette du lit : - J'avais quatre ans, ne l'oubliez pas quand même ! Forcément, j'ai forcé mon papa à entrer, et avec toute la fierté de mes quatre ans, j'ai demandé à la vendeuse, en la regardant bien droit dans les yeux « il s'appelle vraiment solde ? »

1er enfant : - Tu savais déjà lire ?

La fillette du lit : - Ça c'est une combine de mon papa adoré ! Je t'achète un doudou mais cours d'orthographe chaque soir, avant la lecture d'une histoire. C'est ainsi qu'à trois ans et demi je savais presque tout lire.

1er enfant : - Mais tu croyais que SOLDE, c'était son nom !

La fillette du lit : - N'as-tu jamais fait d'erreurs qu'aujourd'hui tu trouves plus grotesques ?

1er enfant : - C'était juste pour vérifier que tu n'étais pas une petite génie ! Bon, alors, la vendeuse, elle a souri en interrogeant ton papa du regard ou elle t'a répondu ?

La fillette du lit : - On me répondait toujours, quand j'avais quatre ans et que je regardais droit dans les yeux, tu vois, comme ça (*elle le fixe*).

3eme enfant : - Elle a hurlé « une martienne » !

La fillette du lit : - Euh…

3eme enfant : - Quoi euh ?...

La fillette du lit : - Bin la vendeuse, sans détourner les yeux, a répondu : « euh… » Alors je lui ai expliqué, comme on parle à une vendeuse qui n'a rien compris : « vous voyez, j'ai déjà un doudou prénommé SOLDE, une adorable grenouille rouge cerise Burlat, alors, bien que je souhaite l'adopter, j'aurais trop peur que ça crée de la confusion dans ma chambre. »

3eme enfant : - Elle était surtout surprise que tu saches déjà lire !

4eme enfant : - Elle s'est moquée de toi ?

La fillette du lit : - Pas du tout, petit impertinent ! Elle m'a répondu poliment, « son véritable nom c'est Scott-Key »… et un ton en dessous, « c'est une erreur de ma collègue. »

2eme enfant : - Alors ton papa te l'a acheté !

La fillette du lit : - Comment as-tu deviné ? Mais avant j'ai demandé, « et vous écrivez ça comment », alors j'ai noté ce mot nouveau dans mon carnet (*elle prend le carnet sur la table de nuit, le feuillette tendrement*).

2eme enfant : - Ça veut dire quoi, Scott-Key ?

La fillette du lit : - Secret !

4eme enfant : - Tu réponds ça car tu n'en sais rien !

La fillette du lit : - Mais tu es aussi polisson que les bébés hérissons.

4eme enfant : - Allez, donne-nous la solution.

La fillette du lit : - Même au sujet des doudous, il doit rester un peu de mystère dans le choix des surnoms.

Chœur des enfants :

> C'est la fille aux 200 doudous, y'en a partout, y'en a partout.
> C'est la fille aux 200 doudous, tous les p'tits loups en sont jaloux.
> C'est la fille aux 200 doudous, ses secrets sont pas pour nous.

3eme enfant : - Comment tu te repères ?

La fillette du lit : - Avant, c'était lundi doudous blancs, mardi mauves, mercredi marron, jeudi jaunes, vendredi verts, samedi sable et dimanche autres couleurs.
2eme enfant : - Le lundi était roi !

La fillette du lit : - Maintenant, les jours de la semaine s'appellent fête des lapins, des chats, des canards. Fête des oursons, des toutous et des bizarres.
4eme enfant : - Et le septième jour ?

La fillette du lit : - Monsieur sait compter ! Ah ! Le septième jour…

Les enfants : - Oh raconte !...

La fillette du lit : - Le septième jour est... un peu spécial dans le nouveau calendrier des doudous... c'est le jour des élections.
Les enfants : - Des élections !?

La fillette du lit : - Par un vote, naturellement à pattes levées, les doudous décident qui sera célébré.
4eme enfant : - Y'a quoi à gagner ?

La fillette du lit : - Le plus beau des cadeaux !
Un enfant : - Une tenue de Zorro ?

> *La fillette du lit hausse les épaules.*
> *Les réponses fusent à son grand désappointement :*

Un enfant : - Une écharpe ? Un bandana ?
Un enfant : - Un yaourt aux fraises ?
Un enfant : - Des billes ?
Un enfant : - Une game boy ?
Un enfant : - Un puzzle... de cochons des Pyrénées ?
Un enfant : - Une plaque de chocolat... suisse ?

> *(lors des représentations, d'autres réponses, suivant les goûts et l'actualité, peuvent être ajoutées, préférées)*

Un enfant : - Allez, dis-nous…

La fillette du lit : - Le plus beau des cadeaux dont peut rêver un doudou… le gagnant dort dans mes bras.

4eme enfant *spontanément :* - Je peux participer aux élections ?

> *La fillette du lit lui sourit ; tous le regardent ; il est gêné.*

3eme enfant : - Tu dors encore avec un doudou dans les bras !

La fillette du lit : - Pas toi ?

3eme enfant : - Eh… (*tous la regardent*)

3eme enfant : - Mais normalement c'est un secret.

La fillette du lit : - Si quelqu'un rit de toi parce que tu dors avec un doudou dans les bras, demande-toi s'il profite vraiment de chaque seconde de sa nuit.

Autre enfant : - Et un jour, tes doudous iront au grenier ?

La fillette du lit : - Grandir, ce n'est pas forcément s'éloigner de ses doudous, et surtout pas les renier !

Chœur des enfants :

C'est la fille aux 200 doudous, y'en a partout, y'en a partout.
C'est la fille aux 200 doudous, tous les p'tits loups en sont jaloux.
C'est la fille aux 200 doudous, et nous avons rendez-vous avec nos doudous.

Ils sortent de scène (en courant sur la pointe des pieds).

La fillette du lit : - bon, maintenant, les doudous, la récréation est terminée. On arrête de se prendre pour des enfants (*se tournant vers un renard*) : j'aimerais bien dormir, moi, quand même, un peu. Il exagère ce monsieur Renardo des Forêts d'étagères.

Le 4eme enfant passe la tête à la porte, gêné, toussote un peu, sans parvenir à attirer l'attention. Timidement.

4eme enfant : - mademoiselle, mademoiselle… (*la fillette se tourne vers lui et lui sourit*)
4eme enfant : - c'était pour de vrai, quand j'ai parlé des élections.

La fillette du lit : - je sais, je sais… mais si tu n'as pas les voix des lapins et des ours, tu n'as aucune chance de gagner… (*le quatrième enfant est triste*) peut-être que dans dix ans, je serai la seule électrice.

Rideau - Fin

Cette pièce est jouée, au moins depuis 2008. Peut-être même avant... En 2011, j'ai lancé une recherche sur google.fr "la fille aux 200 doudous" et des représentations étaient référencées, sur des sites de troupes, articles de presse et même un festival organisé par une ambassade de France. Hé oui, sans autorisation. Donc "naturellement" sans versement de droits d'auteur.

J'ignore pour l'instant qui régularisera de manière amiable ces représentations non autorisées. Pour les autres, il me sera peut-être nécessaire, pour l'exemple (les sommes en jeu sont minimes) de passer par la justice.

a) le 7 juin 2009, le théâtre Enfants "Style Enfantin" du foyer Loisirs de Thuré (86540)

b) le 19 juin 2009, à Foulayronnes, par le groupe 6-8 ans de l'atelier théâtre de l'Escalier qui monte, d'Agen (47000). L'article de *La Dépêche du midi*, signalait, auteur : *anonyme* !

c) le 4 mai 2010, XVIIème Festival de théâtre francophone amateur. Palais des Enfants et de la Jeunesse, à Minsk en Biélorussie. Par la Troupe « Point de vue. »

Joué dans un festival organisé par l'ambassade de France à Minsk en Biélorussie, qui ne s'est pas souciée de la légalité des prestations.

d) La troupe *Les débarqués* (les Bout'chous de 6 à 9 ans) en 2008, sûrement en mai, via l'association *La Chapelaine*, située à la Chapelle sur Erdre (44240), au nord est de Nantes.

e) Les enfants du CAJ « *La Source* », via l'association *Les Fontaines,* de Vernon (27201). Une pièce mise en scène par Emilie Mallet, Nathalie Lenglart et Jean-Claude His.

f) Le Festival de théâtre scolaire de Tananarive (Madagascar) : 6eme édition, du 15 au 19 avril 2008. Avec le mardi 15 Avril, la
Journée des écoles primaires, le CM1 La Clairefontaine (Ambodivoanjo) présentant *La fille aux 200 doudous*.
Moralité : il convient d'effectuer un véritable travail de veille informatique sur les titres de ses pièces !

Avec la troupe de théâtre agenaise *l'Escalier qui monte*, la régularisation fut rapide, un échange de mail, une conversation téléphonique. Le texte avait été découvert sur un site internet ne spécifiant pas le nom de l'auteur. Effectivement, et malheureusement, de nombreux sites reprennent cette pièce sans même noter le nom ni un site du dramaturge. Encore un travail à effectuer : contacter les webmasters de ces sites.

LA FILLE AUX 200 DOUDOUS

                                        est aussi une chanson

Dans sa chambre on avance
Au p'tit bonheur la chance
On voit pas d' place dans son lit
Même l'oreiller est envahi

C'est la fille aux 200 doudous
Y'en a partout
Y'en a partout
C'est la fille aux 200 doudous
Tous les p'tits loups en sont jaloux

Chacun a son surnom
D'abat-jour à zombon
Et comme faut d'la discipline
Y'a prison sous les pulls marines

C'est la fille aux 200 doudous
Y'en a partout / Y'en a partout
C'est la fille aux 200 doudous
Tous les p'tits loups en sont jaloux

Les jours de la semaine
S'appellent fête des big ben
Fête des lapins chats canards
Oursons toutous et des bizarres

C'est la fille aux 200 doudous
Y'en a partout / Y'en a partout
C'est la fille aux 200 doudous
Tous les p'tits loups en sont jaloux

Ce texte est devenu une vraie chanson après son passage devant les yeux de Blondin, qui composa la musique (avec les arrangements de Vita). Elle figure à son répertoire... www.chansonnier.fr

Stéphane Ternoise... un peu plus d'informations

Né en 1968.

http://www.ecrivain.pro essaye d'être complet, avec un "blog" (je préfère l'expression "une partie des chroniques"). Mais il ne peut naturellement pas copier coller l'ensemble des textes présentés ailleurs.

http://www.romancier.net

http://www.essayiste.net

http://www.dramaturge.fr

http://www.lotois.fr

Les noms de ces sites me semblent explicites…
Le graphisme reste rudimentaire. Tant de choses à faire…

http://www.salondulivre.net et son prix littéraire. Une réussite d'indépendance. Mais peu visible…

Tous droits de traduction, de reproduction, d'utilisation, d'interprétation et d'adaptation réservés pour tous pays, pour toutes planètes, pour tous univers.

Site officiel : http://www.ecrivain.pro

Présentation des livres essentiels :
http://www.utopie.pro

La fille aux 200 doudous de **Stéphane Ternoise**

Dépôt légal à la publication au format ebook du 8 octobre 2011.

Imprimé par CreateSpace, An Amazon.com Company pour le compte de l'auteur-éditeur indépendant. **livrepapier.com**

ISBN 978-2-36541-618-4
EAN 9782365416184

© **Jean-Luc PETIT - BP 17 - 46800 Montcuq - France**